CALLE de la Lectura

Grado 1

Scott Foresman

Manual de la clase para los Centros de práctica de enseñanza diferenciada

PEARSON

Glenview, Illinois • Boston, Massachusetts • Chandler, Arizona • Upper Saddle River, New Jersey

PEARSON

ISBN-13: 978-0-328-47944-3
ISBN-10: 0-328-47944-6
1 2 3 4 5 6 7 8 9 10 VON4 19 18 17 16 15 14 13 12 11 10

Calle de la Lectura Grado 1

Contenido

Bienvenido a los Centros de práctica

Centros de práctica

Los Centros de práctica por nivel contribuyen a simplificar la tarea de organizar los centros proporcionando ideas para instalarlos en los salones de clases, así como actividades semanales y sugerencias de materiales para cada centro.

Manual de la clase para los Centros de práctica diferenciados

El Manual proporciona recursos valiosos para asistirle en la instalación de sus centros y para organizar prácticas diferenciadas que le permitan apoyar a cada niño de acuerdo a su nivel de instrucción, y al mismo tiempo que permitan al niño trabajar independientemente. Los Centros de práctica diferenciados de Pearson Scott Foresman ayudan a los niños a desarrollarse como pensadores independientes que se responsabilizan por su propio aprendizaje. El Manual propone un mapa para el salón de clases que usted puede ajustar según las necesidades particulares de la clase. Un resumen de cada centro le proporciona sugerencias para la instalación de los centros y los materiales indispensables que deben incluirse. Los Planes de trabajo reproducibles enumeran tareas que los niños deberán completar en cada centro y los ayudan a planear y llevar un registro de las tareas en cada centro.

Rotafolios para los Centros de práctica

Los Rotafolios para los Centros de práctica son rotafolios del tamaño de la superficie de una mesa que contienen las actividades de los Centros de práctica de la Guía del maestro. Cada página del rotafolio contiene las actividades diferenciadas de la semana para ese centro. Las actividades brindan oportunidades para que los niños practiquen destrezas y desarrollen su conocimiento del concepto de la semana. Hay seis rotafolios, uno para cada centro.

- ¡Escuchemos! (Centro de conciencia fonológica)
- Estructura de las palabras (Centro de fonética)
- Palabras para aprender (Centro de vocabulario)
- ¡Escribamos! (Centro de escritura)
- Leer para comprender (Centro de comprensión)
- Preparación para la fluidez (Centro de fluidez)

Instalación de los centros

El ambiente del salón de clases es un factor importante en el aprendizaje del niño. Para crear un ambiente cómodo que fomente el aprendizaje designe espacios separados para los distintos tipos de instrucción y actividades que se llevarán a cabo.

Cómo instalar los Centros de práctica

La idea de instalar centros de práctica en el salón de clases parecería desalentadora. Eso ocurre particularmente si el suyo es un salón pequeño. Para encontrar lugar para los centros, hay que empezar pensando que estos son una extensión de sus lecciones.

- Un Centro de práctica no tiene que ser grande. Un cómodo almohadón colocado en una esquina acogedora funciona perfectamente como un Centro de Leer para comprender.
- Con niños pequeños, elija un lugar para instalar un centro y manténgalo como tal durante todo el año.
- Instale sus Centros de práctica de manera que los niños que los utilizan no distraigan a los que trabajan por su cuenta o en grupos pequeños con usted.

SUGERENCIA PARA EL MAESTRO

- Reúna desde la semana anterior todos los materiales necesarios para los Centros de práctica de la semana siguiente. Pida a los niños que organicen los materiales necesarios y despliegue la página del rotafolio que explica la actividad.

Tiempo productivo en los Centros de práctica

Si desde el comienzo se toma el tiempo para "enseñar" cómo se emplea un Centro de práctica, ¡dichos centros van a fomentar el aprendizaje en su salón! Diviértase con ellos: son una pieza fundamental en su plan de estudios.

- Diga a los niños qué tipo de materiales hay en cada Centro de práctica.
- Diga a los niños qué practicarán en cada centro. Explique las alternativas que se ofrecen si los niños terminan antes de tiempo la actividad asignada.
- Demuestre cómo usar el centro y los materiales que hay en cada centro.
- Invite a los niños a hacer una improvisación del comportamiento adecuado y las posibles situaciones con las que podrían encontrarse en un centro.
- Explique cómo "Mi plan de trabajo" les permitirá llevar nota de las tareas que hayan completado.
- Generalmente, con niños pequeños es mejor añadir centros gradualmente. ¡Es abrumador tener muchas tareas desde el inicio!

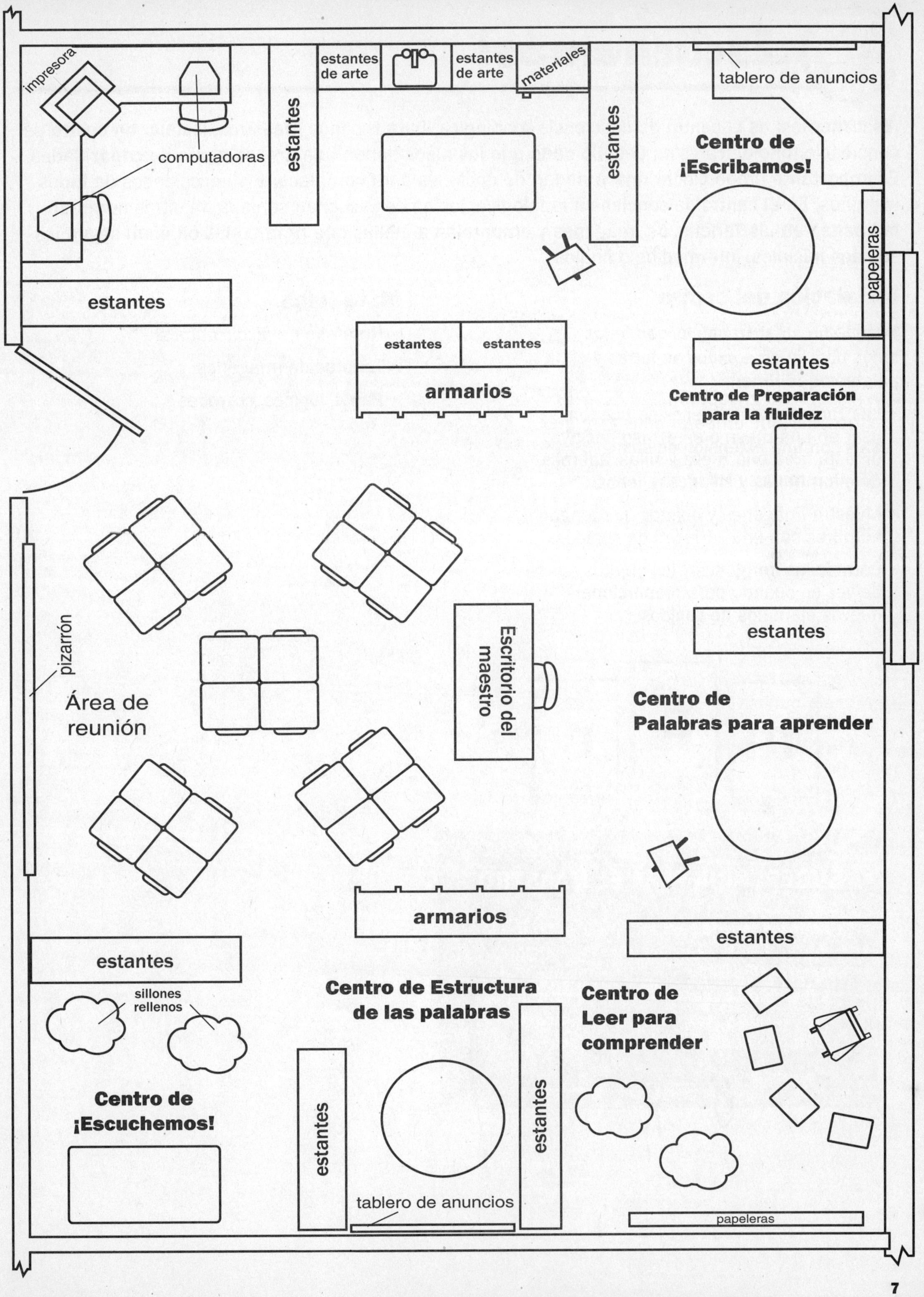
impresora
computadoras
estantes
estantes de arte
estantes de arte
materiales
estantes
tablero de anuncios
Centro de ¡Escribamos!
papeleras
estantes
estantes
estantes
armarios
estantes
Centro de Preparación para la fluidez
estantes
Escritorio del maestro
pizarrón
Área de reunión
Centro de Palabras para aprender
armarios
estantes
estantes
sillones rellenos
Centro de Estructura de las palabras
Centro de Leer para comprender
Centro de ¡Escuchemos!
estantes
estantes
tablero de anuncios
papeleras

¡Escuchemos!

¡Escuchemos! es el centro de conciencia fonológica. Para muchos maestros, instalar un centro de conciencia fonológica es un desafío dado que los niños tienen una amplia gama de capacidades. Es importante proporcionar una variedad de opciones para complacer las necesidades de todos los niños. En el centro de conciencia fonológica, los niños escuchan sonidos mientras nombran la imagen en las Tarjetas de imágenes y emparejan aquéllas que riman o las ordenan según los sonidos iniciales, intermedios o finales.

Instalación del centro

Busque un lugar tranquilo, donde los niños podrán oír sonidos de letras y palabras que riman.

- Las Tarjetas de imágenes se pueden usar en una mesa o en el piso. Incluye en esta área una mesa y sillas, además de alfombrillas y sillones rellenos.
- Muestre imágenes y objetos que tengan nombres con una variedad de sonidos.
- Cambie las imágenes y los objetos de vez en cuando para proporcionar nuevos ejemplos de sonidos.

SUGERENCIA PARA EL MAESTRO

- Reúna desde la semana anterior todos los materiales necesarios para los Centros de práctica de la semana siguiente. Pida a los niños que organicen los materiales necesarios y despliegue la página del rotafolio que explica la actividad.

Materiales

- Rotafolio de *¡Escuchemos!*
- Tarjetas de imágenes
- Papel, lápices, crayones

Estructura de las palabras

Instalar el centro de Estructura de las palabras, o centro de fonética, presenta el mayor desafío por la amplia gama de capacidades que tienen los niños. Usted necesitará una gran variedad de materiales y opciones para complacer las necesidades de todos los niños.

El centro de Estructura de las palabras es el lugar donde los niños necesitarán la mayor cantidad de apoyo.

Instalación de los centros

El centro de fonética es el lugar donde los niños pueden identificar ilustraciones que empiezan con distintas letras en las Tarjetas de imágenes o formar palabras con Fichas de letras y luego escribir listas de palabras.

A medida que usted repase el trabajo que los niños realizan en el centro de fonética, compruebe que entienden las destrezas de fonética que usted ha enseñado.

- ¿Aplican la destreza clave?
- ¿Aplican también en su trabajo destrezas aprendidas previamente?

Materiales

- Rotafolio de *Estructura de las palabras*
- Fichas de letras
- Tarjetas de palabras hechas por el maestro
- Letras y tableros magnéticos
- Tarjetas de imágenes
- Tarjetas de sonidos y grafías
- Papel y tarjetas de apuntes
- Lápices, marcadores rojo y azul, y crayones
- Canastas para agrupar
- Libritos de práctica de fonética
- Pizarritas blancas
- Diccionarios y glosarios ilustrados

Tecnología

- Tarjetas interactivas de sonidos y grafías
- Libritos de práctica de fonética electrónicos
- Diccionarios en línea

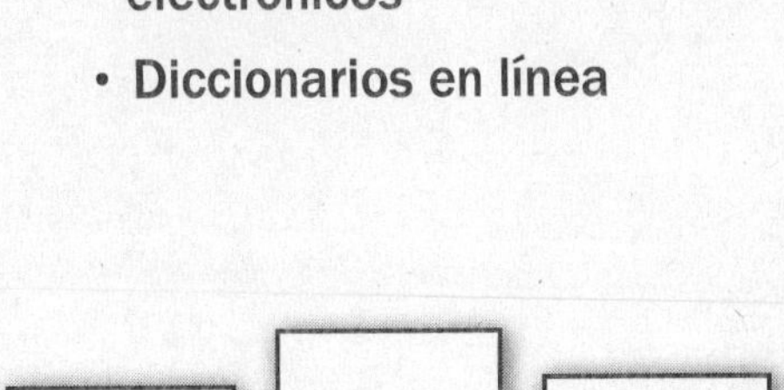

Palabras para aprender

En Palabras para aprender, el centro de vocabulario, los niños usan una variedad de actividades para practicar y demostrar su capacidad para identificar y deletrear las palabras de uso frecuente de la lección. Asimismo los niños desarrollan sus vocabularios oral y de lectura.

Instalación del centro

- Complemente el centro con otras actividades ricas en lenguaje que desarrollan vocabulario.
- Muestre vocabulario que se haya aprendido anteriormente en el centro y anime a los niños a usar estas palabras cuando sea posible en conversación o escritura.

Materiales

- Rotafolio de *Palabras para aprender*
- Fichas de letras
- Tarjetas de palabras hechas por el maestro
- Tarjetas de Palabras de uso frecuente
- Papel, lápices y crayones
- Tarjetas de apuntes
- Tablas de T
- Revistas, libros, catálogos, mapas u otras fuentes con fotos e ilustraciones a colores
- Objetos que se puedan usar para dar ejemplos de vocabulario
- Diccionarios y glosarios ilustrados

Tecnología

- Actividades de vocabulario evaluado
- Diccionarios en línea
- Animaciones de *Cantemos juntos*
- Diario de palabras

¡Escribamos!

El centro de práctica de escritura es otro lugar donde es preciso atender una amplia variedad de aptitudes. Los niños tienen que empezar al nivel en el que están. Entre más provisto esté un centro, más logros obtendrá para todos. Al repasar el trabajo que hacen los niños en el Centro de práctica de escritura, observe si aplican las destrezas que les ha presentado. La escritura es un modo excelente de evaluar el desarrollo fonético.

Instalación del centro

Es posible que ¡Escribamos! necesite más espacio que los demás centros.

- Designe una mesa para los niños que trabajan en las actividades de preparación para la escritura y en la preparación de borradores. Designe otra mesa para revisar, corregir y publicar.
- En otra mesa o en un grupo de escritorios, instale computadoras para hacer procesamiento de texto.
- Escriba las Palabras asombrosas y las palabras de uso frecuente de la semana en tarjetas y colóquelas en el centro. Anime a los niños a escribir usando dichas palabras.
- Anime a los niños a escribirle a sus amigos.
- Coloque sobres y un buzón de correo en el centro; los niños podrán escribir y enviar por correo sus cartas.

Materiales

- Rotafolio de *¡Escribamos!*
- Tarjetas de imágenes
- Lápices, marcadores, crayones, tijeras, pegamento, purpurina, hilo, perforadora
- Revistas, catálogos u otros materiales de donde recortar ilustraciones
- Bancos de palabras, diccionarios, manuales de escritores
- Organizadores gráficos para prepararse para escribir y listas de corrección y revisión

Tecnología

- GramatiRitmos
- Organizadores gráficos en línea
- Diarios en línea

Leer para comprender

En Leer para comprender, el centro de comprensión de lectura, los niños leen por su cuenta o con un compañero para practicar o repasar las destrezas y estrategias de comprensión clave. Encuentran relaciones entre textos diversos, exploran intereses personales u obtienen información adicional sobre temas, autores y géneros que se relacionan con el concepto de la semana.

Instalación del centro

Para este centro, busque un lugar cómodo y alejado de las actividades principales del salón.

- Incluya una mesa y sillas, así como mecedoras, alfombrillas o sillones rellenos.
- Emplee estantes, organizadores, o cajas de plástico para montar una biblioteca del salón bien organizada.
- Gradualmente, agregue o saque libros para evitar tener demasiados, lo que podría resultar abrumador para los niños.
- Ordene los libros por tema, género, nivel de lectura o autor.

Materiales

- Rotafolio de *Leer para comprender*
- Libritos por nivel
- Libritos de práctica de fonética
- Libros ordenados por tema
- Libros ordenados por autor favorito
- Libros producidos por la clase
- Papel, lápices, crayones
- Organizadores gráficos

Tecnología

- Libritos de práctica de fonética electrónicos
- Base de datos de libros por nivel
- Libritos por nivel de *Calle de la Lectura* en DVD-ROM
- Animaciones de ¡Imagínalo!
- Selecciones electrónicas principales y secundarias
- Organizadores gráficos en línea

Preparación para la fluidez

Preparación para la fluidez, o el centro de fluidez, es dónde los niños practicarán leer con fluidez. Los estudiantes escucharán y leerán en voz alta textos variados mientras se enfocan en leer con precisión y a un ritmo adecuado, con el fraseo correcto, y con expresión y entonación.

Instalación del centro

Generalmente los niños leerán con un compañero. Para instalar este centro busque un lugar donde el trabajo de los niños perturbe en lo mínimo a sus otros compañeros de clase.

- Sitúe el centro cerca a un tomacorriente donde pueda conectar el reproductor de CD que los niños usarán para escuchar las selecciones del Audiolibro en CD.
- Proporcione audífonos para que los niños puedan escuchar el Audiolibro sin distraerse con ruidos externos.
- Ordene la mesa y las sillas de modo que las parejas de estudiantes puedan trabajar con comodidad.
- De vez en cuando, cambie las parejas para brindarle a los niños la oportunidad de escuchar una variedad de modelos de fluidez y comentarios de otros compañeros.

Materiales

- Rotafolio de *Preparación para la fluidez*
- Audiolibro en CD
- Libritos por nivel
- reproductor de CD

Evaluación de la actividades de práctica

Uso de la evaluación para guiar la instrucción Las evaluaciones informales continuas son medios importantes de guiar la instrucción en el salón de clases. Las actividades de práctica proporcionan excelentes oportunidades de realizar evaluaciones continuas.

El tiempo que los niños pasan en los Centros de práctica es una extensión de sus lecciones. Le proporciona a usted la oportunidad de trabajar con grupos pequeños, y no mantiene ocupados a los demás niños. El tiempo en los Centros de práctica le proporciona a usted una excelente oportunidad de evaluar cómo aplican los niños lo que usted ha enseñado. El trabajo que los niños realizan en los Centros de práctica es una parte importante de su evaluación total del niño.

Hay muchas maneras formales e informales de evaluar a los niños y su trabajo. Muchas de estas evaluaciones incluyen la evaluación que hacen los niños de su propio trabajo. Emplee todas las actividades del año escolar para medir el crecimiento y el desarrollo de los niños.

Los siguiente materiales para la evaluación le servirán para evaluar informalmente el trabajo de los niños en los Centros de práctica.

Guías para calificar

- Prepare unas guías para calificar que sean ilustradas y sencillas y que ayuden a los niños a evaluar sus trabajos.
- Emplee una guía para calificar cuando mida la creatividad y motivación de los niños.

Portafolios

- Guarde los trabajos que los niños completen en los Centros de práctica. Emplee el contenido del portafolio para medir el progreso de los niños y su desarrollo en el transcurso del tiempo.

Observaciones informales

- Si desea, emplee un cuaderno o las Observaciones de la pág. 15 para registrar sus observaciones de los niños.
- Divida la clase en grupos pequeños. Concéntrese en observar un grupo pequeño de niños cada día, cuando están en los Centros de práctica, en vez de observar el comportamiento de todos los niños al mismo tiempo.
- Decida de antemano qué va a observar cada semana, por ejemplo, las relaciones sociales o el desarrollo emocional. Algunas semanas puede observar el desarrollo académico.

SUGERENCIA PARA EL MAESTRO

- Dé tiempo a los niños para que compartan las cosas que han hecho o aprendido. Esto les permitirá demostrar los conocimientos adquiridos y expresar su talento individual y su personalidad.

Observaciones

Fecha.................... Niño...	Fecha.................... Niño...
Fecha.................... Niño...	Fecha.................... Niño...
Fecha.................... Niño...	Fecha.................... Niño...

Planes de trabajo del estudiante

¿Qué son los planes de trabajo del estudiante?

Las páginas 17 a 52 contienen planes de trabajo reproducibles que corresponden a las lecciones y que los niños emplearán durante el tiempo de trabajo independiente. Cada plan de trabajo tiene una lista de tareas que los niños completarán, en los Centros de práctica o independientemente, a medida que usted se reúne con grupos pequeños de niños. Los planes de trabajo ayudan a los niños a recordar sus tareas, planificar el tiempo y mantener un registro de las tareas que ya han completado. Los planes de trabajo permiten a los niños asumir responsabilidades y les ayudan a convertirse en estudiantes exitosos e independientes.

¿Cómo debo emplear los planes de trabajo del estudiante?

Comience explicando a los niños las actividades de los Centros de práctica. Luego distribuya copias de *Mi plan de trabajo* y repasen las tareas. Asegúrese de que los niños entienden que van a marcar la casilla que está al lado de cada tarea, una vez que completan dicha tarea. Recuérdeles que si acaban una actividad antes de tiempo, pueden contestar las preguntas de Para terminar la semana o leer en silencio. Al final de la semana, usted puede juntar todos los planes de trabajo o pedir a los niños que los lleven a sus casas.

Si prefiere, puede componer un plan de trabajo dedicado a uno o más niños para que lo usen durante una sesión en particular. Emplee para este propósito el plan general de trabajo de la pág. 53.

Nombre
Fecha
Mi plan de trabajo
Pon una ☒ al lado de las actividades que completes.
¡Escuchemos!
☐ Dividir palabras en sílabas.
¡Escribamos!
☐ Escribir una narrativa personal breve.
Estructura de las palabras
☐ Dividir palabras en sílabas.
Leer para comprender
☐ Comparar y contrastar los personajes de un cuento.
Palabras para aprender
☐ Ordenar una serie de palabras alfabéticamente usando la primera letra.
Preparación para la fluidez
☐ Leer en voz alta a un ritmo adecuado.
Escuela + Hogar Para terminar tu semana Da vuelta la hoja. Escribe sobre lo que hiciste en la escuela esta semana. ¿Qué aprendiste sobre explorar el mundo que nos rodea?
Unidad 1 • Semana 1 • *Medio elefante* 17

Nombre
Fecha
Mi plan de trabajo
Pon un ☒ al lado de las actividades que completes.
Estructura de las palabras
☐ Identificar abreviaturas.
¡Escribamos!
☐ Enfocarse en las características relevantes de dos cosas para compararlas y contrastarlas.
Leer para comprender
☐ Ordenar sucesos o ideas en una secuencia.
Preparación para la fluidez
☐ Leer en voz alta con precisión y a un ritmo adecuado.
Da vuelta la hoja. ... hiciste en la escuela esta semana. ¿Qué ... cómo celebramos y compartimos diferentes
46 Unidad 6 • Semana 5 • *Grace para presidenta*

Nombre________________________ Fecha____________

Mi plan de trabajo

Pon una ☒ al lado de las actividades que completes.

¡Escuchemos!

☐ Identificar palabras con el fonema /a/ inicial.

¡Escribamos!

☐ Escribir oraciones con sustantivos que designan personas, lugares, animales o cosas.

Estructura de las palabras

☐ Leer y clasificar sílabas con *m*.

Leer para comprender

☐ Identificar y describir un personaje de un cuento.

Palabras para aprender

☐ Identificar las palabras de uso frecuente *me*, *muy*, *martes*, *amigo*, *también*.

Preparación para la fluidez

☐ Desarrollar la fluidez escuchando y siguiendo la lectura de textos conocidos.

Escuela + Hogar **Para terminar tu semana** Da vuelta la hoja.
Escribe sobre lo que hiciste en la escuela esta semana. ¿Qué aprendiste sobre lo que hay en nuestra casa?

Nombre ______________________ Fecha ____________

Mi plan de trabajo

Pon una ☒ al lado de las actividades que completes.

¡Escuchemos!

☐ Identificar palabras con los fonemas /l/ y /t/ iniciales.

¡Escribamos!

☐ Escribir oraciones con sustantivos que designan personas, lugares, animales o cosas.

Estructura de las palabras

☐ Leer y clasificar sílabas con *p*.

Leer para comprender

☐ Identificar y describir un personaje de un cuento.

Palabras para aprender

☐ Identificar las palabras de uso frecuente.

Preparación para la fluidez

☐ Desarrollar la fluidez escuchando y siguiendo la lectura de textos conocidos.

Escuela + Hogar **Para terminar tu semana** Da vuelta la hoja. Escribe sobre lo que hiciste en la escuela esta semana. ¿Qué aprendiste sobre quiénes forman nuestra familia?

Nombre_______________________ Fecha___________

Mi plan de trabajo

Pon una ☒ al lado de las actividades que completes.

¡Escuchemos!

☐ Distinguir sílabas abiertas y cerradas con /r/.

Estructura de las palabras

☐ Leer y clasificar sílabas *ca, co, cu*.

Palabras para aprender

☐ Identificar las palabras de uso frecuente *agua, cómo, con, gusta* y *jugar*.

¡Escribamos!

☐ Escribir oraciones con sustantivos que designan lugares.

Leer para comprender

☐ Identificar y describir un ambiente de un cuento.

Preparación para la fluidez

☐ Desarrollar la fluidez escuchando y siguiendo la lectura de textos conocidos.

Escuela + Hogar **Para terminar tu semana** Da vuelta la hoja. Escribe sobre lo que hiciste en la escuela esta semana. ¿Qué aprendiste sobre lo que hay fuera de nuestra casa?

Nombre ______________________ Fecha __________

Mi plan de trabajo

Pon una ☒ al lado de las actividades que completes.

¡Escuchemos!

☐ Identificar palabras con los fonemas /ñ/ y /ch/.

¡Escribamos!

☐ Escribir oraciones con verbos que indican acción.

Estructura de las palabras

☐ Leer y clasificar sílabas con *v*.

Leer para comprender

☐ Identificar el argumento de un cuento.

Palabras para aprender

☐ Identificar las palabras de uso frecuente *amigos*, *buen*, *día*, *hay*, *los*, *tío* y *hoy*.

Preparación para la fluidez

☐ Desarrollar la fluidez escuchando y siguiendo la lectura de textos conocidos.

Escuela + Hogar **Para terminar tu semana** Da vuelta la hoja.

Escribe sobre lo que hiciste en la escuela esta semana. ¿Qué aprendiste sobre lo que podemos hacer con los amigos del vecindario?

Nombre ______________________ Fecha ____________

Mi plan de trabajo

Pon una ☒ al lado de las actividades que completes.

¡Escuchemos!

☐ Identificar palabras con los fonemas /y/ y /rr/.

¡Escribamos!

☐ Escribir oraciones completas con mayúscula inicial.

Estructura de las palabras

☐ Leer y clasificar las sílabas *gue, gui*.

Leer para comprender

☐ Identificar el argumento de un cuento.

Palabras para aprender

☐ Identificar las palabras de uso frecuente *al, del, escuela, esta, ir, las, por*.

Preparación para la fluidez

☐ Desarrollar la fluidez escuchando y siguiendo la lectura de textos conocidos.

Escuela + Hogar **Para terminar tu semana** Da vuelta la hoja.
Escribe sobre lo que hiciste en la escuela esta semana. ¿Qué aprendiste sobre lo que hay a nuestro alrededor en la escuela?

Nombre ____________________ Fecha __________

Mi plan de trabajo

Pon una ☒ al lado de las actividades que completes.

¡Escuchemos!

☐ Identificar palabras con el fonema /r/ entre vocales.

¡Escribamos!

☐ Usar adjetivos en una oración completa.

Estructura de las palabras

☐ Leer y clasificar sílabas con *r* entre vocales.

Leer para comprender

☐ Identificar el argumento de un cuento.

Palabras para aprender

☐ Identificar las palabras de uso frecuente *cuando, dijo, mar, que, señora, todos*.

Preparación para la fluidez

☐ Desarrollar la fluidez escuchando y siguiendo la lectura de textos conocidos.

Escuela + Hogar **Para terminar tu semana** Da vuelta la hoja.

Escribe sobre lo que hiciste en la escuela esta semana. ¿Qué aprendiste sobre lo que hay en nuestro vecindario?

Nombre ______________________ Fecha __________

Mi plan de trabajo

Pon una ☒ al lado de las actividades que completes.

¡Escuchemos!

☐ Identificar palabras con los fonemas /a/, /e/, /i/, /o/, /u/, /p/ en posición inicial.

¡Escribamos!

☐ Escribir oraciones que incluyan sustantivos, verbos y adjetivos.

Estructura de las palabras

☐ Leer y clasificar las vocales *a, e, i, o, u*.

Leer para comprender

☐ Identificar qué aspectos de un cuento son reales.

Palabras para aprender

☐ Identificar y usar palabras que indican lugares.

Preparación para la fluidez

☐ Leer en voz alta con precisión.

Escuela + Hogar **Para terminar tu semana** Da vuelta la hoja.

Escribe sobre lo que hiciste en la escuela esta semana. ¿Qué aprendiste sobre lo que necesitan las mascotas?

Nombre ____________________ Fecha ____________

Mi plan de trabajo

Pon una ☒ al lado de las actividades que completes.

¡Escuchemos!

☐ Distinguir sílabas con /l/ inicial.

¡Escribamos!

☐ Escribir oraciones completas.

Estructura de las palabras

☐ Leer y clasificar sílabas abiertas con *l*.

Leer para comprender

☐ Identificar los personajes de un cuento.

Palabras para aprender

☐ Ordenar alfabéticamente una serie de palabras usando la primera letra.

Preparación para la fluidez

☐ Leer en voz alta con precisión.

Escuela + Hogar **Para terminar tu semana** Da vuelta la hoja.
Escribe sobre lo que hiciste en la escuela esta semana. ¿Qué aprendiste sobre quiénes ayudan a los animales?

Nombre________________________ Fecha______________

Mi plan de trabajo

Pon una ☒ al lado de las actividades que completes.

¡Escuchemos!

☐ Distinguir sílabas con /s/ inicial.

¡Escribamos!

☐ Escribir oraciones completas.

Estructura de las palabras

☐ Leer y clasificar sílabas abiertas con *s*.

Leer para comprender

☐ Identificar el argumento de un cuento.

Palabras para aprender

☐ Identificar y usar sinónimos de las palabras de uso frecuente *gusta*, *mira*, *veo*, *tengo*.

Preparación para la fluidez

☐ Leer en voz alta con precisión.

Escuela + Hogar **Para terminar tu semana** Da vuelta la hoja. Escribe sobre lo que hiciste en la escuela esta semana. ¿Qué aprendiste sobre cómo los animales ayudan a las personas?

Nombre ______________________ Fecha ____________

Mi plan de trabajo

Pon una ☒ al lado de las actividades que completes.

¡Escuchemos!

☐ Distinguir sílabas con /n/ inicial.

Estructura de las palabras

☐ Leer y clasificar sílabas abiertas con *n*.

Palabras para aprender

☐ Identificar las palabras *aquí, bueno, casa, con, dijo, grandes, hay, la, los, mira*.

¡Escribamos!

☐ Escribir oraciones completas.

Leer para comprender

☐ Identificar los personajes de un cuento.

Preparación para la fluidez

☐ Leer en voz alta a un ritmo adecuado.

Escuela + Hogar **Para terminar tu semana** Da vuelta la hoja.

Escribe sobre lo que hiciste en la escuela esta semana. ¿Qué aprendiste sobre cómo los animales silvestres cuidan a sus crías?

Nombre______________________________ Fecha______________

Mi plan de trabajo

Pon una ☒ al lado de las actividades que completes.

¡Escuchemos!

☐ Distinguir sílabas iniciales con *d*.

¡Escribamos!

☐ Escribir oraciones enunciativas.

Estructura de las palabras

☐ Identificar y leer palabras con sílabas con *d*.

Leer para comprender

☐ Identificar la idea principal de una selección.

Palabras para aprender

☐ Identificar las palabras de uso frecuente.

Preparación para la fluidez

☐ Leer en voz alta con precisión y a un ritmo adecuado.

Escuela + Hogar **Para terminar tu semana** Da vuelta la hoja.
Escribe sobre lo que hiciste en la escuela esta semana. ¿Qué aprendiste sobre los animales silvestres que viven en nuestro vecindario?

Nombre_______________________ Fecha___________

Mi plan de trabajo

Pon una ☒ al lado de las actividades que completes.

¡Escuchemos!

☐ Identificar palabras con /k/ escrito *c*.

¡Escribamos!

☐ Escribir oraciones interrogativas.

Estructura de las palabras

☐ Leer y clasificar las sílabas *ca*, *co*, *cu*.

Leer para comprender

☐ Identificar la idea principal de un cuento.

Palabras para aprender

☐ Identificar y usar antónimos.

Preparación para la fluidez

☐ Leer en voz alta con el fraseo adecuado.

Escuela + Hogar **Para terminar tu semana** Da vuelta la hoja.
Escribe sobre lo que hiciste en la escuela esta semana. ¿Qué aprendiste sobre los animales silvestres y salvajes al observarlos?

Nombre____________________ Fecha__________

Mi plan de trabajo

Pon una ☒ al lado de las actividades que completes.

¡Escuchemos!

☐ Distinguir sílabas iniciales con /b/ escrito *b*.

¡Escribamos!

☐ Escribir oraciones exclamativas.

Estructura de las palabras

☐ Leer y clasificar sílabas con *b*.

Leer para comprender

☐ Identificar causa y efecto en una selección.

Palabras para aprender

☐ Identificar las palabras *ayudar*, *del*, *en*, *está*, *hay*, *le*, *quiere*, *soy*, *su*, *un*.

Preparación para la fluidez

☐ Leer en voz alta con el fraseo adecuado.

Escuela + Hogar **Para terminar tu semana** Da vuelta la hoja.

Escribe sobre lo que hiciste en la escuela esta semana. ¿Qué aprendiste sobre las cosas que se hacen en familia?

Nombre ______________________ Fecha ____________

Mi plan de trabajo

Pon una ☒ al lado de las actividades que completes.

¡Escuchemos!

☐ Identificar palabras con /g/ escrito *ga, go, gu*.

Estructura de las palabras

☐ Leer y clasificar las sílabas *que, qui*.

Palabras para aprender

☐ Identificar las palabras *ayuda, ayudar, grandes, hoy, muy, porque, que, quieres, ser, ver*.

¡Escribamos!

☐ Escribir oraciones completas.

Leer para comprender

☐ Identificar la secuencia de un cuento.

Preparación para la fluidez

☐ Leer en voz alta con precisión y a un ritmo adecuado.

Escuela + Hogar **Para terminar tu semana** Da vuelta la hoja.

Escribe sobre lo que hiciste en la escuela esta semana. ¿Qué aprendiste sobre por qué una escuela se considera una comunidad?

Nombre________________________________ Fecha______________

Mi plan de trabajo

Pon una ☒ al lado de las actividades que completes.

¡Escuchemos!

☐ Identificar palabras con /k/ escrito *que*, *qui*.

¡Escribamos!

☐ Escribir oraciones completas.

Estructura de las palabras

☐ Leer y clasificar las sílabas *que*, *qui*.

Leer para comprender

☐ Identificar causa y efecto en un texto.

Palabras para aprender

☐ Identificar y usar palabras que indican dirección: *izquierda*, *derecha*, *norte*, *sur*, *este*, *oeste*.

Preparación para la fluidez

☐ Leer en voz alta con el fraseo adecuado.

Escuela + Hogar **Para terminar tu semana** Da vuelta la hoja.

Escribe sobre lo que hiciste en la escuela esta semana. ¿Qué aprendiste sobre lo que hay que hacer para que nuestro vecindario sea un buen lugar para vivir?

Nombre____________________ Fecha__________

Mi plan de trabajo

Pon una ☒ al lado de las actividades que completes.

¡Escuchemos!

☐ Identificar palabras con /g/ escrito *gue, gui*.

¡Escribamos!

☐ Escribir oraciones completas.

Estructura de las palabras

☐ Identificar y leer palabras con *gue, gui*.

Leer para comprender

☐ Identificar el tema de una selección.

Palabras para aprender

☐ Identificar las palabras *cómo, también, jugar, bueno, feliz, quieres*.

Preparación para la fluidez

☐ Leer en voz alta con el fraseo adecuado.

Escuela + Hogar **Para terminar tu semana** Da vuelta la hoja.
Escribe sobre lo que hiciste en la escuela esta semana. ¿Qué aprendiste sobre cómo cooperan las comunidades de animales para sobrevivir?

Nombre________________________ Fecha______________

Mi plan de trabajo

Pon una ☒ al lado de las actividades que completes.

¡Escuchemos!

☐ Distinguir sílabas iniciales con /j/.

¡Escribamos!

☐ Escribir oraciones completas.

Estructura de las palabras

☐ Leer y clasificar sílabas con *j*.

Leer para comprender

☐ Identificar la secuencia en una selección.

Palabras para aprender

☐ Identificar las palabras *bien*, *comer*, *agua*, *gran*, *hoy*, *tío*, *voy*.

Preparación para la fluidez

☐ Leer en voz alta con precisión y a un ritmo adecuado.

Escuela + Hogar

Para terminar tu semana

Da vuelta la hoja.

Escribe sobre lo que hiciste en la escuela esta semana. ¿Qué aprendiste sobre por qué las comunidades de plantas y animales se necesitan mutuamente?

Nombre_______________ Fecha_______________

Mi plan de trabajo

Pon una ☒ al lado de las actividades que completes.

¡Escuchemos!

☐ Identificar palabras con /j/ escrito *ge, gi*.

¡Escribamos!

☐ Escribir oraciones completas.

Estructura de las palabras

☐ Leer y clasificar las sílabas *ge, gi*.

Leer para comprender

☐ Identificar el tema de una selección.

Palabras para aprender

☐ Identificar las palabras *escuela, muchos, mejor, detrás, quiere, hora, también*.

Preparación para la fluidez

☐ Leer en voz alta con el fraseo adecuado.

Escuela + Hogar **Para terminar tu semana** Da vuelta la hoja.
Escribe sobre lo que hiciste en la escuela esta semana. ¿Qué aprendiste sobre en qué se parece una comunidad de insectos a una comunidad de personas?

Nombre________________________ Fecha______________

Mi plan de trabajo

Pon una ☒ al lado de las actividades que completes.

¡Escuchemos!

☐ Identificar palabras con el fonema /r/ entre vocales.

Estructura de las palabras

☐ Identificar y leer sílabas con *z*.

Palabras para aprender

☐ Identificar las palabras *al*, *bien*, *de*, *ir*, *mar*, *muy*, *para*, *por*, *se*, *su*.

¡Escribamos!

☐ Escribir oraciones completas.

Leer para comprender

☐ Comparar y contrastar la información presentada en una selección con los conocimientos previos.

Preparación para la fluidez

☐ Leer en voz alta con precisión y a un ritmo adecuado.

Escuela + Hogar **Para terminar tu semana** Da vuelta la hoja. Escribe sobre lo que hiciste en la escuela esta semana. ¿Qué aprendiste sobre cómo cambian los lugares?

Nombre ______________________ Fecha ____________

Mi plan de trabajo

Pon una ☒ al lado de las actividades que completes.

¡Escuchemos!

☐ Distinguir sílabas con /y/ escrito *y*.

¡Escribamos!

☐ Identificar y usar verbos de acción en oraciones.

Estructura de las palabras

☐ Identificar y leer palabras con sílabas con *y*.

Leer para comprender

☐ Identificar la secuencia de una cuento.

Palabras para aprender

☐ Identificar las palabras *arriba*, *con*, *dijo*, *el*, *mamá*, *me*, *no*, *papá*, *se*, *yo*.

Preparación para la fluidez

☐ Leer en voz alta con precisión y a un ritmo apropiado.

Escuela + Hogar **Para terminar tu semana** Da vuelta la hoja.

Escribe sobre lo que hiciste en la escuela esta semana. ¿Qué aprendiste sobre lo que aprendemos a medida que crecemos y cambiamos?

Nombre________________________________ Fecha______________

Mi plan de trabajo

Pon una ☒ al lado de las actividades que completes.

¡Escuchemos!

☐ Identificar palabras con /s/ inicial escrita *ce, ci*.

Estructura de las palabras

☐ Leer y clasificar sílabas con el dígrafo *ll*.

Palabras para aprender

☐ Identificar las palabras de uso frecuente.

¡Escribamos!

☐ Escribir oraciones respetando la concordancia entre sujeto y verbo.

Leer para comprender

☐ Comparar y contrastar los personajes de un cuento.

Preparación para la fluidez

☐ Leer en voz alta con el fraseo apropiado.

Escuela + Hogar **Para terminar tu semana** Da vuelta la hoja. Escribe sobre lo que hiciste en la escuela esta semana. ¿Qué aprendiste sobre los animales a medida que crecen y cambian?

Nombre ______________________ Fecha __________

Mi plan de trabajo

Pon una ☒ al lado de las actividades que completes.

¡Escuchemos!

☐ Distinguir sílabas iniciales con *br*.

¡Escribamos!

☐ Escribir oraciones respetando la concordancia entre sujeto y verbo.

Estructura de las palabras

☐ Leer y clasificar sílabas con *br*.

Leer para comprender

☐ Identificar hechos y opiniones en una selección.

Palabras para aprender

☐ Identificar las palabras de uso frecuente.

Preparación para la fluidez

☐ Leer en voz alta con el fraseo apropiado.

Escuela + Hogar **Para terminar tu semana** Da vuelta la hoja.

Escribe sobre lo que hiciste en la escuela esta semana. ¿Qué aprendiste sobre los cambios que ocurren en un jardín?

Nombre____________________ Fecha__________

Mi plan de trabajo

Pon una ☒ al lado de las actividades que completes.

¡Escuchemos!

☐ Distinguir /cs/ escrito *x*.

¡Escribamos!

☐ Escribir oraciones usando verbos en pasado.

Estructura de las palabras

☐ Leer y clasificar sílabas con *x*.

Leer para comprender

☐ Identificar el tema de una selección.

Palabras para aprender

☐ Identificar las palabras *casa, dijo, hoy, muchos, no, papá, para, pintar, sí, tiempo*.

Preparación para la fluidez

☐ Leer en voz alta con expresión y entonación.

Escuela + Hogar

Para terminar tu semana Da vuelta la hoja.

Escribe sobre lo que hiciste en la escuela esta semana. ¿Qué aprendiste sobre los cambios que podemos observar en la naturaleza?

Nombre ______________________ Fecha ____________

Mi plan de trabajo

Pon una ☒ al lado de las actividades que completes.

¡Escuchemos!

☐ Distinguir sílabas iniciales con *pr*.

¡Escribamos!

☐ Escribir oraciones usando *soy*, *es*, *está*, *son*, *están*, *era*, *estaba*, *estaban*.

Estructura de las palabras

☐ Leer y clasificar sílabas con *pr*.

Leer para comprender

☐ Identificar hechos y opiniones en una selección.

Palabras para aprender

☐ Identificar las palabras de uso frecuente.

Preparación para la fluidez

☐ Leer en voz alta con expresión y entonación.

Escuela + Hogar **Para terminar tu semana** Da vuelta la hoja.

Escribe sobre lo que hiciste en la escuela esta semana. ¿Qué aprendiste sobre lo que hacen los animales cuando cambian las estaciones?

Nombre____________________ Fecha__________

Mi plan de trabajo

Pon una ☒ al lado de las actividades que completes.

¡Escuchemos!

☐ Distinguir sílabas iniciales con *dr*.

¡Escribamos!

☐ Escribir oraciones con contracciones.

Estructura de las palabras

☐ Leer y clasificar sílabas con *dr*.

Leer para comprender

☐ Comparar y contrastar dos cosas diferentes de un texto.

Palabras para aprender

☐ Identificar y usar las palabras de uso frecuente.

Preparación para la fluidez

☐ Leer en voz alta con expresión y entonación.

Escuela + Hogar **Para terminar tu semana** Da vuelta la hoja.

Escribe sobre lo que hiciste en la escuela esta semana. ¿Qué aprendiste sobre por qué una sorpresa puede ser un tesoro?

Nombre________________________ Fecha____________

Mi plan de trabajo

Pon una ☒ al lado de las actividades que completes.

¡Escuchemos!

☐ Distinguir sílabas iniciales con *tr*.

¡Escribamos!

☐ Escribir oraciones usando adjetivos.

Estructura de las palabras

☐ Leer y clasificar sílabas con *tr*.

Leer para comprender

☐ Sacar conclusiones sobre un texto.

Palabras para aprender

☐ Identificar y usar las palabras de uso frecuente.

Preparación para la fluidez

☐ Leer en voz alta con expresión y entonación.

Escuela + Hogar **Para terminar tu semana** Da vuelta la hoja.

Escribe sobre lo que hiciste en la escuela esta semana. ¿Qué aprendiste sobre por qué un cuento puede ser un tesoro?

Nombre_______________________________ Fecha_______________

Mi plan de trabajo

Pon una ☒ al lado de las actividades que completes.

¡Escuchemos!

☐ Distinguir sílabas iniciales con *bl*.

¡Escribamos!

☐ Escribir oraciones usando adjetivos que describen color y forma.

Estructura de las palabras

☐ Identificar y leer palabras con sílabas con *bl*.

Leer para comprender

☐ Identificar el tema de un cuento.

Palabras para aprender

☐ Identificar las palabras de uso frecuente.

Preparación para la fluidez

☐ Leer en voz alta con precisión y a un ritmo adecuado.

Escuela + Hogar **Para terminar tu semana** Da vuelta la hoja.
Escribe sobre lo que hiciste en la escuela esta semana. ¿Qué aprendiste sobre los tesoros que encontramos en nuestro país?

Nombre ______________________ Fecha ____________

Mi plan de trabajo

Pon una ☒ al lado de las actividades que completes.

¡Escuchemos!

☐ Identificar palabras con diptongos *iu, io, ie, ia*.

¡Escribamos!

☐ Escribir oraciones usando adjetivos que describen tamaño.

Estructura de las palabras

☐ Leer y formar palabras con diptongos *iu, io, ie, ia*.

Leer para comprender

☐ Identificar hechos y detalles en una selección.

Palabras para aprender

☐ Identificar las palabras de uso frecuente.

Preparación para la fluidez

☐ Leer en voz alta con expresión y entonación.

Escuela + Hogar **Para terminar tu semana** Da vuelta la hoja.
Escribe sobre lo que hiciste en la escuela esta semana. ¿Qué aprendiste sobre apreciar nuestros sueños?

Nombre____________________ Fecha__________

Mi plan de trabajo

Pon una ☒ al lado de las actividades que completes.

¡Escuchemos!

☐ Identificar palabras que riman con *-oso, -osa*.

¡Escribamos!

☐ Escribir oraciones usando adjetivos que describen cómo es alguien o algo.

Estructura de las palabras

☐ Identificar y leer palabras compuestas.

Leer para comprender

☐ Identificar hechos y detalles en una selección.

Palabras para aprender

☐ Identificar las palabras de uso frecuente.

Preparación para la fluidez

☐ Leer en voz alta con precisión y expresión a un ritmo adecuado.

Escuela + Hogar **Para terminar tu semana** Da vuelta la hoja.
Escribe sobre lo que hiciste en la escuela esta semana. ¿Qué aprendiste sobre los tesoros que podemos compartir en casa?

Nombre ______________________ Fecha __________

Mi plan de trabajo

Pon una ☒ al lado de las actividades que completes.

¡Escuchemos!

☐ Identificar palabras que riman con *-ito, -ita*.

Estructura de las palabras

☐ Leer y clasificar sílabas con *cr*.

Palabras para aprender

☐ Identificar las palabras *alto, amigos, después, día, estaba, fiesta, había, perro, todos, vez*.

¡Escribamos!

☐ Escribir oraciones usando adjetivos numerales.

Leer para comprender

☐ Identificar el tema de un cuento.

Preparación para la fluidez

☐ Leer en voz alta con el fraseo adecuado.

Escuela + Hogar **Para terminar tu semana** Da vuelta la hoja.
Escribe sobre lo que hiciste en la escuela esta semana. ¿Qué aprendiste sobre los tesoros que podemos compartir con nuestros amigos?

Nombre________________________ Fecha____________

Mi plan de trabajo

Pon una ☒ al lado de las actividades que completes.

¡Escuchemos!

☐ Identificar palabras con *-ando, -iendo*.

Estructura de las palabras

☐ Leer y clasificar sílabas con *pl*.

Palabras para aprender

☐ Practicar las palabras *aquí, feliz, gusta, más, muy, para, perro, sobre, yo*.

¡Escribamos!

☐ Escribir oraciones usando adjetivos para comparar.

Leer para comprender

☐ Identificar la causa y el efecto de una selección.

Preparación para la fluidez

☐ Leer en voz alta con precisión y expresión a un ritmo adecuado.

Escuela + Hogar

Para terminar tu semana Da vuelta la hoja. Escribe sobre lo que hiciste en la escuela esta semana. ¿Qué aprendiste sobre las soluciones ingeniosas que se necesitan para resolver problemas?

Nombre________________________ Fecha____________

Mi plan de trabajo

Pon una ☒ al lado de las actividades que completes.

¡Escuchemos!

☐ Identificar palabras que riman con *-ado, -ada; -ido, -ida*.

¡Escribamos!

☐ Escribir oraciones imperativas.

Estructura de las palabras

☐ Leer y clasificar sílabas con *fl*.

Leer para comprender

☐ Identificar los personajes de un cuento.

Palabras para aprender

☐ Identificar las palabras *día, dijo, en, feliz, hermanas, mamá, más, me, su, un*.

Preparación para la fluidez

☐ Leer en voz alta con precisión y expresión a un ritmo adecuado.

Escuela + Hogar **Para terminar tu semana** Da vuelta la hoja.
Escribe sobre lo que hiciste en la escuela esta semana. ¿Qué aprendiste sobre las distintas maneras de ver las cosas?

Nombre______________________ Fecha______________

Mi plan de trabajo

Pon una ☒ al lado de las actividades que completes.

¡Escuchemos!

☐ Distinguir sílabas iniciales con *cl*.

¡Escribamos!

☐ Escribir oraciones usando pronombres.

Estructura de las palabras

☐ Leer y escribir sílabas con *cl*.

Leer para comprender

☐ Sacar conclusiones sobre una selección.

Palabras para aprender

☐ Identificar las palabras *agua*, *casa*, *color*, *de*, *gusta*, *los*, *que*, *un*, *una*, *ver*.

Preparación para la fluidez

☐ Leer en voz alta con precisión y expresión.

Escuela + Hogar **Para terminar tu semana** Da vuelta la hoja.
Escribe sobre lo que hiciste en la escuela esta semana. ¿Qué aprendiste sobre cómo se resuelven los misterios?

Nombre ______________________ Fecha ____________

Mi plan de trabajo

Pon una ☒ al lado de las actividades que completes.

¡Escuchemos!

☐ Identificar palabras con diptongos *ua*, *ue*, *ui*, *eu*, *au* y palabras con hiatos.

Estructura de las palabras

☐ Leer y formar palabras con hiatos *ae*, *ao*, *ea*, *ee*, *eo*, *oa*.

Palabras para aprender

☐ Practicar palabras de uso frecuente.

¡Escribamos!

☐ Comprender los pronombres *yo* y *mí*.

Leer para comprender

☐ Comparar y contrastar al leer una selección.

Preparación para la fluidez

☐ Leer en voz alta con expresión y entonación.

Escuela + Hogar

Para terminar tu semana Da vuelta la hoja. Escribe sobre lo que hiciste en la escuela esta semana. ¿Qué aprendiste sobre las grandes ideas que nos facilitan la vida?

Nombre____________________________ Fecha______________

Mi plan de trabajo

Pon una ☒ al lado de las actividades que completes.

¡Escuchemos!

☐ Identificar palabras con diptongos *ai*, *ay*, *oi*, *oy*, *ei*, *ey*.

¡Escribamos!

☐ Escribir oraciones usando pronombres.

Estructura de las palabras

☐ Leer y formar palabras con diptongos *ai*, *ay*, *oi*, *oy*, *ei*, *ey*.

Leer para comprender

☐ Identificar la idea principal de una selección.

Palabras para aprender

☐ Identificar las palabras de uso frecuente.

Preparación para la fluidez

☐ Leer en voz alta con el fraseo adecuado.

Escuela + Hogar

Para terminar tu semana Da vuelta la hoja. Escribe sobre lo que hiciste en la escuela esta semana. ¿Qué aprendiste sobre cómo una gran idea puede cambiar nuestra forma de vida?

Nombre ______________________ Fecha __________

Mi plan de trabajo

Pon una ☒ al lado de las actividades que completes.

¡Escuchemos!

☐ Identificar palabras con in-, *im-; des-, re-*.

¡Escribamos!

☐ Escribir oraciones usando adverbios.

Estructura de las palabras

☐ Leer y clasificar palabras con prefijos *in-, im-*.

Leer para comprender

☐ Sacar conclusiones al leer.

Palabras para aprender

☐ Identificar y escribir palabras de tiempo y orden.

Preparación para la fluidez

☐ Leer en voz alta con el fraseo adecuado.

Escuela + Hogar **Para terminar tu semana** Da vuelta la hoja.

Escribe sobre lo que hiciste en la escuela esta semana. ¿Qué aprendiste sobre lo que puede ocurrir cuando alguien tiene una nueva idea?

Nombre ____

Mi plan de trabajo

Pon una ☒ al lado de las actividades que completas.

¡Escuchemos!

Leer para comprender

Preparación para la fluidez

Estructura de las palabras

¡Escribamos!

Palabras para aprender

Escritura en el diario

Después de escribir en tu diario, pon una ☒ sobre el día de la semana.

Lunes **Martes** **Miércoles** **Jueves** **Viernes**

Cuaderno de práctica

Encierra en un círculo la ☺ si terminaste tu trabajo.

Encierra en un círculo la ☹ si no terminaste tu trabajo.

	Tarea	¿Terminaste?
Lunes		☺ ☹
Martes		☺ ☹
Miércoles		☺ ☹
Jueves		☺ ☹
Viernes		☺ ☹

Emplee esta tabla en cada uno de los centros para ayudar a los niños a considerar las opciones que tienen cuando acaban la actividad asignada.

¿Qué puedo hacer?	
1	
2	
3	
4	